저문 날을 헹구다

끌림 詩人選 009

저문 날을 헹구다

은희란 2시조집

끌림

시인의 말

흘러가는 날들을 자꾸 바라봅니다.
저문 빛 너머에 고요히 남는 것들—
말없이 지나가는 사람, 흔들리는 계절,
가슴에 조용히 머무는 단어들을
시조로 건져 올렸습니다.

지워 내고, 다듬고, 되새기며
한 토막 생의 결을 천천히 헹궜습니다.
이 조용한 헹굼이
누군가의 마음에도
맑은 숨결로 닿기를 바랍니다.

2025년 여름의 끝자락에
은희란

차례

시인의 말 —————————————— 005

1부 · 바람 쪽으로 기울다

순간 ————————————————— 013
언어의 허약함 ——————————— 014
갈등 ————————————————— 015
이슬 ————————————————— 016
존재 ————————————————— 017
정 —————————————————— 018
말없는 사랑 ———————————— 019
퍼즐을 채우듯 ——————————— 020
닿을 수 없는 교감 ————————— 021
갈증 ————————————————— 022
실비 ————————————————— 023
풍경소리 —————————————— 024
초승달 ——————————————— 025
귀뚜리 연가 ————————————— 026
살살이꽃 —————————————— 028
삶 —————————————————— 029
나잇값 ——————————————— 030
잡음 ————————————————— 031
바위 1 ———————————————— 032
바위 2 ———————————————— 033

2부 · 마음의 결을 따라

인연이란 ——— 037
사랑은 ——— 038
그대가 ——— 039
옷의 도 ——— 040
암숫 나사 ——— 041
오렌지백합 ——— 042
아카시꽃 ——— 044
용기 ——— 045
늙음의 미학 ——— 046
자귀나무 ——— 047
키다리꽃 ——— 048
물망초 ——— 049
시간 ——— 050
매창시비 ——— 051
오월의 장미 ——— 052
여우비 ——— 053
봄을 여는 호연재 ——— 054
소통 ——— 055
으름덩굴꽃 ——— 056
모과 ——— 057

3부 · 시간을 되짚는 손

숲 ──────────────── 061
첫눈 ─────────────── 062
새해 ─────────────── 064
내가 사는 법 ────────── 066
한여름 카페 ────────── 067
사양斜陽 ──────────── 068
불면 ─────────────── 069
낙엽이 되어 ────────── 070
민들레 홀씨 1 ────────── 071
민들레 홀씨 2 ────────── 072
겨울비 ────────────── 073
가을과 기린 ────────── 074
소설小雪 ──────────── 075
복사꽃 질 때면 ────────── 076
고장 난 뻐꾸기시계 ──────── 077
섬 1 ─────────────── 078
섬 2 ─────────────── 079
한라산 백록담 ────────── 080
백제금동대향로 ────────── 082
공과 같아야 ────────── 083

4부 · 저문 날을 헹구다

늙은 호박 —— 087
노을보다 고운 노년 —— 088
박꽃 —— 089
12월을 보내며 —— 090
아름다운 세상 —— 092
태몽 —— 093
황진이 —— 094
책을 읽다 —— 095
어버이날에 —— 096
끈 —— 097
파도 —— 098
전진 —— 099
섭리 —— 100
갈대의 서書 —— 101
사계의 뒤안 —— 102
달빛 —— 103
님에게 닿으려나 —— 104
그리움의 블랙홀 —— 105
유월의 소리 —— 106
개화 —— 107

평설 삶의 잔여를 다독이는 시조의 숨결 —— 108

1부
바람 쪽으로 기울다

순간

잡다한 근심들도
풀어내는 그 한 일

우주의 한 깃털이
피어나게 하는 일

재빠른
시간의 궁핍을
어루만질 그 길이다

언어의 허약함

말 못 할 두려움에
다가서지 못한 고백

새장의 단어처럼
뒤뚱뒤뚱 머물다가

용기로
손 내밀어 본
미안한 말 또 거둔다

어설픈 몸짓으로
마음을 건네보면

소통의 옷깃 따라
열리는 글자의 문

더 나은
우리 관계를 위해
견고한 말 겨냥한다

갈등

촘촘한 매듭 속에
갇혀버린 기억들이
가까스로 틈을 열고
기웃대는 허공의 말

닻조차
내리지 못해
흔들린다 시간들은

이슬

뭉클한 살 내음이
미명에 반짝이며
바람의 마른 뼈에
숨결을 불어 넣네

투명한
마음 펼치는
고뇌 속의 시어들

강물은 흐르면서
나무들의 키를 세우고
구름이 귀를 내려
풀잎에 눈 비비면

한 방울
응축을 끝낸
만유의 즙 맺힌다

존재

풀잎 위 이슬방울
눈 안으로 젖어 든다

햇살이 비칠 때까지
온 힘 다해 피운 꽃말

돌아갈
아름다운 길
꼭 참아낸 개화다

정

벌 나비 날갯짓에
꽃들이 웃음 짓고

눈맞은 입맞춤은
햇살 받아 반짝이네

수줍게
섞이는 몸짓
대롱대롱 피어나네

말없는 사랑

꽃술과 나 사이에
고요가 흐르고요

뭉근한 눈 맞춤에
차오르는 경이로움

바르르
떨리는 몸이
별 하나를 품습니다

퍼즐을 채우듯

골똘한 몸짓으로
스스로를 채근하고

아무리 다가가도
꼭 닫힌 미로처럼

자꾸만 멀어져가는
지난날의 퍼즐들

허기진 공간 안에
부서진 관계들을

하나둘 메워주려
정성껏 맞춰가네

너와 나
다가드는 정
차오른다 단단하게

닿을 수 없는 교감

시린 놀 유리창 밖
날아든 새 한 마리

하염없는 날갯짓
파득이는 메아리

안과 밖
애달픈 채로
그리움만 놓고 가네

갈증

사랑의 목마름이
부들처럼 자라나고

말라붙은 우울은
끝내 다시 못 일어나

어둠 속 애달픈 별만
발을 동동 구르누나

생각마저 뒤틀린
나무들의 틈새로

바람도 푸념하며
고요를 새기는데

간절한 약속 하나 없이
임은 홀로 돌아선다

실비

붙잡은 마음 자락
마디마디 풀어 놓고

외로움도 보배인 듯
가늘게 스미는 밤

금줄에
엮은 사연들을
살그머니 걸어놓네

풍경소리

시름을 다 거두어
허공에 잠재우듯

매달린 세월 따라
고뇌를 끊어내듯

현현한 바람결 따라
퍼져가는 도량의 길

섬긴 곳 감싸안고
모은 손을 펴 올려

소리의 향연으로
위로받는 이 마음

올곧은 허공의 서사
깊어지는 울림이여

초승달

입술 자국 남겨두고
어디로 가셨나요

마음속에 넘치던
사랑을 꺼내려다

하늘에 몰래 두고 가는
고운 그대 흔적이여

귀뚜리 연가

밤이면 찾아오는
내밀한 침입자

베란다 귀퉁이서
너의 노래 스며들면

설레는 막연함으로
시절 사랑 써보누나

창문을 사이에 둔
너와의 이 밀당이

불현듯 흘러간
내 모습 같기도 해

잡힐 듯 잡히지 않던
젊은 날의 미숙함

떨리듯 다가오는
애달픈 소곤거림

돌이킨 연심들을
저리게 다독이며

깊어진 회향의 품에
빠져드는 가을밤

살살이꽃

한 해만 살다 가도
후회하지 않는다네

지금껏 간절하게
피워낸 내 연모일세

촉촉이
살 오른 햇살
그것이면 족한 것을

날 두고 가는 너를
잡지 못해 애태운들

끝내는 돌고 돌아
내 품에 안기겠지

바람이
맺어준 인연
사위어간 너의 흔적

삶

고통이 커질수록
욕망은 더 치솟고

하강의 시련에도
비상을 예비한다

바닥을 딛고 나서야
비로소 드는 평화

나잇값

어설피 흘려보낸
구멍 많은 지난 여정

어물쩍 닫아두던
빈방 문을 열어놓고

바람길 막힐까 봐서
마음 자락 흔든다

돌보지 못한 채로
시들은 화초 앞에

정성스레 빛을 따서
초롱초롱 눈을 맞춰

꽃물이 넘치지 않게
아름아름 피운다

잡음

구겨진 낙엽들은
발밑에서 서성이고

넓은 숲 새소리는
적막을 가르며 오고

지척에 부는 바람은
머릿속을 뒤흔든다

바위 1

생명은 없다 하나
기골만은 장대하고

붙박이 삶이지만
내어주는 넓은 품

눈 부신 햇살을 안고
꿈을 꾸는 천리마다

떨어지는 밤 별들을
혼자서 다 품으면서

원초적 고립 속에
혼불 지펴 보지만

빈 가슴 단단히 채워
무감각에 순응한다

바위 2

단단히 각오하고
홀로 선 그 꼿꼿함

목마른 묵언으로
허기를 달래가며

심혼가
안으로 쏟으며
삶의 전설 엮는다

2부
마음의 결을 따라

인연이란

다른 이 눈에는
보이지 않는 것도

나에게만 스며들어
미세하게 맞는 입자

이렇듯 오묘한 것이
사람 간의 인연이다

눈 감아도 인화되는
정지된 그 장면들

눈빛도 몸 내음도
나도 몰래 스며들어

고향길 도깨비풀처럼
떨쳐지지 않는 것

사랑은

그대의 고운 눈길
내 마음을 닦아주고

다감한 그 목소리
내 귀를 밝혀준다

그 어떤
순간에도 피는
둘 사이의 향기다

싹이 나고 꽃이 피면
정성스레 물을 주고

시린 밤 손 맞잡고
따스한 불 지펴주며

그 어느
힘든 날이어도
다독이는 평화다

그대가

요정의 선물처럼
사랑스런 그대 향기

내일이 덧없이
사라진다 하여도

내 마음 변함없이도
좋아하려 한다오

세월이 흐른 뒤
풋풋하던 그대 모습

빛바랜 초로 되어
내 품에 기대어도

물푸레 넝쿨이 되어
늘 휘감고 있으리다

옷의 도

겹겹이 오는 세월
당연스레 품에 안고

꽃피고 질 때마다
색 맞춰 덮고 눕다

어느 날 알몸이 되니
까슬까슬 시리다

일탈할 땐 솔기마다
부끄러움 덮어주고

끈기 있게 걸어온 길
오롯이 지키면서

사계절 꾸밈없는 정
따뜻하게 입혀준다

암숫 나사

궁합이 안 맞아도
함께 할 우리 사이

단단히 조여야만
평생 가는 까닭은

풀려도
달래어 밀면
고정되는 사이란다

오렌지백합

수줍은 몸짓으로 다가선 너의 미소
파릇한 몸덜미로 빗어낸 걸음걸음

춘심에 젖어든 내게 향기마저 안겨주네

네 정녕 비바람에 맞서 나를 막아주고
타는 듯 목마름도 촉촉하게 적셔주며

하시절 지치지 않고 별빛처럼 밝혀주네

여윈 빛 내려오고 가파라진 숨소리에
달도 기운 어두운 밤 꽃잎은 흔들려도

추풍에 꿋꿋이 서서 간절하게 지켜주네

추운 겨울 이겨내며 도타운 정 새겨가고

다 주어도 모자란 삶 오롯이 끌어모아

동짓달 먼 길의 끝에 등불 되어 밝혀주네

아카시꽃

비탈진 산책길에
달콤함 발 붙들고

벌 나비 분분하게
날갯짓을 부풀리면

빛바랜 시집 갈피에
스며나는 시린 향기

산자락 풍경 소리
방울방울 달아놓고

초록빛 사이사이
안개처럼 번져가면

소로시 추억 속으로
쏟아지는 하얀 꿈들

용기

가파른 인생길도
한편으론 위대하다

벼랑에 피는 꽃은
그럴 만한 이유 있다

어느 곳 어떤 순간에도
불이 붙는 심지다

늙음의 미학

바람에 실려가는
쭉정이 같은 말들

입안서만 맴돌면서
허실의 들판 헤맨다

뿌옇게
멀어져 가는
기억들의 허약함이여

햇볕이 증발하는
시각과 청각 사이

마주 앉은 행간마다
깊어지는 사유의 늪

나이 든
무거운 삶은
가벼움에 기대선다

자귀나무

네게서 붉게 물든
달콤한 분 냄새가

포슬한 달빛 따라
어둠 속을 떠돌 때

어느새 은밀히 다가와
가슴속을 헤집는다

강가든 모퉁이든
노을 되어 자리하고

입 벌려 새를 부르며
뜨거운 몸 적시다가

농익은
사랑의 언어로
합환가를 부른다

키다리꽃

누구의 허락으로
키를 저리 세웠는지
가는 몸 곧추세운
너의 삶이 환하구나
햇살에 내맡기고도
단단해진 발가락

천성이 호리호리
흐트러짐 없는 심지
빗줄기 거세던 날
쓰러질까 조바심에
단 한 번, 황금 얼굴에
눈물방울 맺히누나

누군들 사랑하면
향기쯤야 있으련만
더위를 견뎌내는
둥그런 정 토실하고
모성 품 깊이 안아 드는
너야말로 참 강하다

물망초

젊은 날
기억 속에
속절없이 키운 사랑

단 한 번
눈짓으로
내 마음 훔치더니

영원히
잊지 말라는
욕심 많은 미련초未練草

시간

멈추고 흘러가며
이어지고 포개지고

나보다 앞서가고
날 향해 또 다가오고

작은 창 푸른 어귀에서
아이들의 웃음소리

빛바랜 꽃잎들은
힘없이 떨어지고

지나온 시절들과
떠나보낸 사람들도

겹겹이 길을 찾아가는
아름다운 속셈이다

매창시비

예홍이 살아 있는
매창의 노래 결이

호남에 맺힌 숨결
꽃잎 되어 흩어지면

그녀는
귀밑머리에
매운 꽃을 피운다

오월의 장미

타는 듯 고운 입술
담장을 물들이고

다가선 내 맘 자락
눈길로만 보라더니

태양 빛 온몸에 두르고
호기롭게 으스댄다

겹겹이 여민 얼굴
모두의 연인 되어

풍성히 나눠주는
싱그러운 너를 보며

빨갛게 젖은 온정을
품에 안고 말았구나

여우비

여우를 짝사랑한
구름의 눈물인가

한낮 볕 쨍한 하늘
사랑가를 불러대고

한바탕
쏟아 낸 뒤에
쨍쨍하게 웃는 하늘

봄을 여는 호연재

차가운 새벽 끝에
새봄이 열리고요

지친 하늘 다독이며
멍울을 터뜨리니

담장 밖
흰 매화 향기
숨 멎듯이 넘나드네

여인이란 굴레에
닫혀 있던 갈망들

매듭 풀어 바람결에
한올 한올 흩어보니

담장 안
해빙의 뜨락
홍매화로 서 있소서

소통

말없이 바라봐도
꽃의 마음 다 보이죠

귀 열고 들어봐요
새들의 지저귐을

자연이 우리에게 주는
조화로운 나눔이죠

가슴과 가슴을
가만히 맞대보면

연결된 그 통로로
맑은 물이 흐르네요

한 발짝 뒤로 물러서면
더 많은 게 보여요

으름덩굴꽃

단 한 번 눈길에도
네가 달려오는구나

숱한 밤 밀고 당겨
한 뼘씩 맘 열더니

새 결심 진하게 피워
나와 함께 살자 하네

모과

모난 길 참아내며
등불 켜고 빌었더니

떫은 삶 추슬러서
속살 깊은 향이 돈다

황금빛 결실의 뜰에
덤으로 준 선물이다

3부
시간을 되짚는 손

숲

수천만 이파리로 세상을 짓고 나면
안과 밖 꽃을 피워 고운 우주 열린다
투명한 햇살을 펼쳐
비상의 삶 채운다

통회와 자복의 길 하늘과 함께 열려
신 앞에 엎드리는 엄숙한 시간 속에
길고도 드넓은 터전
밀고 끌며 나아간다

첫눈

첫정의 그리움이
하늘에 닿았는지
맑고 고운 기억 타고
내 눈眼 안에 눈雪 고인다

그대는 오늘 같은 날
무슨 생각 잠기려나

창밖의 소나무는
하늘 보며 환히 웃고
흰 눈은 달려와
옛정처럼 쌓인다

설국을 대비하지 못한
청침들이 눈부시다

허공의 춤사위에

설레이는 부푼 꿈
포근히 감싸주는
깨끗한 영혼들

해마다 새롭게 피어
위로하는 노래다

새해

빛으로
시작되는
첫 세상이 열린다

발 닿는
곳곳마다
맑고 깊은 울림으로

소망의
기적 소리가
온 누리에 번진다

세월에
비껴가듯
초목은 더 푸르고

흘러가는
달과 구름

부푼 꿈을 쫓아가듯

드높은
이상을 향해
힘찬 걸음 내딛는다

내가 사는 법

가슴 속 돌덩이도
어루만져 빛을 내고

저려오는 아픔도
웃음으로 달래며

시린 듯
고른 치유로
섭생하는 까닭이다

보름달 기운 받아
밤하늘을 바라보며

아름다운 시 한 수
어기여차 저어가며

모두 다
나누며 살리
버무려진 향기풀어

한여름 카페

열대야 숨은 차고
땀구멍은 넘치고

모래사막 건너온
낙타처럼 허기져

정신 줄
꽉 붙잡은 채
찾아가는 오아시스

사양 斜陽

내 삶이 버거울 때
무얼 보며 살까요

발아래 내려보니
작은 꽃이 웃네요

언젠가
사그러질 것을
알고 있는 걸까요

뜨는 해 눈부시고
희망도 주겠지만

굴곡진 여일如日은
그리 쉽지 않네요

지는 해
다시 떠오를 믿음
끌어안고 살래요

불면

첫 새벽 진눈깨비
오한 속을 서성인다

하늘은 잿빛이고
보름달은 낯설다

행성을
헤엄치다가
명치끝에 걸려든다

낙엽이 되어

푸르게 걸어온 길 뒤돌아보지 않고
실핏줄 지워내며 바람에 맡긴 몸
떨어진 너의 옷깃에 묻어나는 기억들

바삭이는 소리마다 빛으로 채색되고
내밀한 교감 안에 넘쳐나는 석별의 정
죽어도 시들지 않는 한 시절의 울림이여

살 속 깊이 스민 향기 긴 여운을 남기고
가냘픈 들썩임을 어루만진 바람의 손
눈부신 가을 여정은 고즈넉이 눕는구나

민들레 홀씨 1

모든 걸 내려놓고
길 떠날 채비 하자

날개 달린 새처럼
바람 따라 가보자

지금껏 살아온 만큼
그만큼만 비우자

민들레 홀씨 2

봄빛이 손 놓던 날
바람결에 매달려서

놓쳐버린 사랑 찾아
머나먼 길 떠나가네

두둥실 간절한 만큼
너의 기도 피워보렴

가볍게 비워낸 몸
당신께만 닿고 싶어

들녘에 터를 잡고
이슬에 몸을 씻고

연하게 살 오른 햇살에
희망꽃을 피운다

겨울비

할 말은 없습니다
당신께로 추적추적

어둠이 깊어지면
외로움 더 무거워

한 걸음 다가가고 싶은
비의 마음 아십니까

주저한 빗방울이
밤을 건너올 때마다

조밀조밀 솟구치는
그리움의 시간 속에

소심히 가두었던 나를
녹여내는 눈물이오

가을과 기린

목 빼고 넘겨본다
지는 사랑 아쉬워서

안개는 한 겹 두 겹
내려와 쌓이고요

빛바랜 거리 거리에
서성이는 바람 냄새

무심코 흘려보낸
매몰찬 상흔들이

사락사락 쓸려가는
목마른 시간 속에

지워진 지난겨울이
떠밀리듯 오고 있다

소설 小雪

첫눈이 온다 하니
마음부터 설레인다

그대를 처음 만난
첫사랑 느낌처럼

개여울 달빛을 신고
품 안으로 스며든다

얇은 옷 떨어내는
가엾은 몸짓마다

덜어낸 무게만큼
기다림을 채우고서

깃 올린 외투 안에서
겨울 길목 움츠린다

복사꽃 질 때면

너무도 곱디고와
초롱초롱 눈물 괸다

설움마저 끌어안는
저 고운 자태 보소

어디서 쉬도 없이 와
이 뜨락에 몸을 푼다

흥건히 젖어 드는
얇은 사紗 꽃잎일세

닿을 듯 멀어지는
정든 임의 이별처럼

춘심에 물들여놓고
흩뿌리는 입술 자국

고장 난 뻐꾸기시계

둥지 떠난 뻐꾸기
뜬눈으로 기다린 임

갈 길 잃은 그날부터
벽 속에 붙박인 삶

모른 척
굶기는 사이
멈춰서서 항거한다

섬 1

새들이 비늘 털며
정답게 둥지 틀고
침묵을 깨뜨리며
산통을 느낄 때면
거대한 바다가 낳은
외로움은 섬이 된다

적막의 아우성이
물결 따라 흔들리고
구름은 비 되어와
거센 바람 일으키면
석양에 여울져 가는
썰물은 늘 쓰리다

소멸을 연습 삼아
지워보는 모래성
허물어진 마음을
살며시 다독이며
눈부신 세상 끝자리
섬 하나를 점지한다

섬 2

돛단배 세습되듯
바람에 출렁이고

수없이 많은 날들
물빛 되어 밀려오네

바다는 부표로 흐르고
나의 말은 부서진다

대답 없는 지평선
덧없는 날들이여

많은 사랑 짊어지고
쏟아내는 파도의 말

심연에 닿을 때까지
나의 몸은 출렁인다

한라산 백록담

무한한 하늘 아래
청수 담은 솥이 있어
달려온 흰 사슴은
숨차게 물 마시고

무지개
원뿔을 딛고
고요히 넘는 그 산

울창한 밀림으로
큰바람을 막아주고
전설의 불로초는
하늘만 알고 있네

겨레여
영생의 희망 향해
힘찬 발길 옮기자

때로는 어둠 속에
뇌우 소리 몰아쳐도
다독여 잠재우는
평화로운 우리 땅

오늘도
은하수 따라
무사 안녕 지켜주네

백제금동대향로

찬란하던 그 시절
한사코 돌아보며
날개 접은 봉황은
영겁의 삶 꿈꾸는데

사비성
옛 터전에서
되살아난 향연이여

꿈틀대는 용 등 위
연꽃 하나 피어나고
신선의 봉래산은
골골마다 번성하니

상상 속
만물의 생명
이 향로에 영생하네

공과 같아야

한쪽이 꺼지면
다른 쪽이 부풀어라

고독 속에 일어나는
변화의 알고리즘

배우란
공과 같아서
탄력으로 튀어 오른다

4부
저문 날을 헹구다

늙은 호박

저 홀로 꽃 피우고
바람결에 부푼 품새

허공의 무심함도
마냥 좋아 살이 찌고

허투루 살지 않은 생
태양 닮아 둥글다

단단한 겉모습은
먼 길을 온 대장부요

속살은 곱게 물들어
나눠주는 황금 보약

돌아본 내 인생에는
빈 바람만 서늘하다

노을보다 고운 노년

허공의 길을 따라 차분히 걸어본다
그 길의 사방가엔 초록이 성글구나
무늬 진 가벼운 신발 흰 날개를 달았다

햇빛이 반짝이는 떡갈나무 잎새 위
구름이 얼굴 내민 정오 지난 노랫소리
바람은 살며시 와서 빈 어깨를 감싸준다

산길의 누런 이끼 눈망울에 맺힐 때
바위는 홀로 서서 외로움을 덜어낸다
서로를 견주어 가며 아름다움 지킨다

하나둘 꿈결처럼 뒤돌아본 발자국
돌아갈 수 없는 반란 찬 이끼 껴안으며
노을에 물들여 보내는 무르익은 젊음이다

박꽃

꽃보다 더 흰 속살
여물어간 보름밤

져야 할 운명조차
꿈이 되어 안겨 와도

다가온 하산을 점쳐
저문 날을 헹군다

소담한 그 얼굴은
주름 없이 반질해도

또 다른 내일 위해
개복開腹을 결심하고

정답게 안아주던 사람
담아주는 그릇된다

12월을 보내며

모자란 시간 속에
피워 올린 한 해 동안

밝아진 햇살만큼
겸허함을 다독이며

기대어 함께 걸었던
흰 눈 가득 담아본다

한 발짝 내디뎠던
계절들을 돌아보니

미덥지 못한 밭을
조심스레 일구다가

차가운 바람 소리만
나를 훑고 지나간다

다정히 흘러가는
구름의 손을 잡고

고즈넉한 마음으로
시절 하나 불러보며

차분히 익어가는 마음
숯불처럼 고요하다

아름다운 세상

하루를 살아내는
일상이 귀한 거다

서로서로 아껴주며
곱디고운 웃음 짓고

사는 날 몸부림하다
멈춤 연습 명심한다

언젠가 떠날 때는
온기를 채워야지

나누는 손길마다
꽃들을 피워주자

천금을 내게 준다 한들
기도보다 더 기쁘랴

태몽

여의주 입에 물고
승천하던 귀 큰 용

너무도 또렷하여
아들인 줄 믿었는데

딸아이 울음소리가
진동했단 옛이야기

애지중지 키우시던
부모님 떠나시고

설익은 밥풀처럼
맺힘 없이 살아왔다

기대엔 못 미친대도
맑고 고운 달덩이다

황진이

꽃 없는 벌판에서 피어난 한 송이 꽃
규방에 가둬놓아 숨이 잦은 여성 시대
애절히 노래하던 꽃 송도삼절 더듬는다

어설픈 양반님들 조롱하던 명시조들
노을빛 허공 속에 등불처럼 피고 지고
뛰어든 여심을 안고 박연폭포 울었다

회심한 눈빛 속에 흘러내린 치맛자락
하늘한 춤사위에 녹아나던 사대부들
오백 년 날개를 펴고 황진이는 살아있다

책을 읽다

낯익은 서사마다
가만히 밑줄 긋고

그 홈에 고여 드는
감정의 기폭제

삶 속에
밑거름 삼아
차곡차곡 탑 쌓는다

어버이날에

흘러간 세월 이어 여전히 흐르는 강
부모님 그리는 정 가슴에 넘치는데
멀리서 자맥질하는 회억들만 보이네

옳은 말 귓등으로 모두 흘려보내고
젊음은 내 것인 양 허투루 써온 불효
어찌해 지나고 나서야 철이 들어 울게 하나

계절마다 색 맞추어 곱게 곱게 입히시고
흐뭇이 웃음 짓던 사랑 잔치 꽃 잔치
오늘도 꽃은 피는데 임의 손은 간데없네

끈

평생을 붙잡고도
놓지 못한 사랑의 끈

여린 맘 추스르며
다독이던 따뜻한 손

끝내는 잊지 못하고
떠나가신 아버지

명치끝에 박힌 옹이
잊는다고 잊혀질까

탯줄 끊은 배꼽 주위
자국 남아 아릿해도

그 설움 뱉지 못하고
안고 가신 어머니

파도

너와 나 부서져도
낙심 말고 살아가면

물결은 밀려왔다
또다시 밀려가듯

때로는 잔잔한 물결도
몰아쳤다 잦아들리

맞닿아 일렁이는
지평선의 짧은 만남

헤어지고 쓰러져도
솟구침은 다시 오고

수많은 이별의 상처
파도가 다 지워주리

전진

나라는 유한하고
역사는 유구하다

미완의 평화 위에
더 크게 도약할 때

힘차게 일어서라고
미래 향해 외친다

과거를 돌아보고
오늘을 새기면서

지금 이 순간마다
내일을 준비하면

모두가 잘사는 길로
걸어 걸어 가리라

섭리

바람이 밀어대도
구름은 느릿느릿

이상기온 속에서도
꽃은 피고 새 노래하듯

일생은
느긋이 흐르며
아름답고 즐거우리

주름진 얼굴마다
고운 웃음 띄우고

나누고 비워내는
조화로운 세상사

노을 진
황혼을 보며
남은 날을 여미리

갈대의 서書

동풍이 밀려오면
한쪽으로 기웁니다

누웠다 일어서는
되풀이된 시간들

아슬한 홀씨를 안고
희망의 길 꿈꿉니다

비어 있는 마른 대궁
한 움큼씩 발 모두며

뿌리 내린 순응 속에
허심을 달래면서

축축한 물가에 서서
붉은 해를 맞습니다

사계의 뒤안

온 천지 꽃물 들어 고운 눈을 밝혀주고
설레는 마음 안엔 연두 옷 갈아입고
꿈꾸던 나비가 되어 날아드는 황홀경

달궈진 속내 깊이 힘차게 밀어내며
짙어가는 녹음 속에 시원한 바람 안고
햇발이 쏟아져 내려도 스며드는 싱그러움

창을 연 눈길마다 오색 빛을 뿌려놓고
낙엽은 음표처럼 곡선 되어 나부끼면
온몸이 짜릿해지는 감미로운 선율이여

침묵의 긴긴밤에 잊지 못할 흰 그림자
지나간 첫사랑에 응어리진 기억들
밀어를 고이 함축하여 포스근히 쌓는다

달빛

하이얀 뒤꿈치로
창문을 넘나든다

덜 영근 시심으로
온밤을 지새울 때

곰삭은
언어 한쪽을
베어 무는 네 소리

님에게 닿으려나

안개비 내려앉는
강가를 돌아보니

갈잎에 이는 물결
그대의 발자취가

흐르는 님의 노랫소리
풍경 속에 가득하네

풀벌레 울음소리
달빛에 물들이고

바람이 몰고 오는
풀 향기 넘실대면

내 마음 떠돌아 다니다
그대에게 닿으려나

그리움의 블랙홀

원도 한도 없는 사랑
어디에 묶어두고

나이 든 허무 속에
속절없이 내맡긴 채

긴 밤을
미동도 없이
잠겨버린 블랙홀

유월의 소리

함축된 언어 속에
빠져드는 푸른 태동

살아 있음 그조차도
죄스러워 눈물 나네

꿈꾸듯 구름에 떠밀려
깊어지는 파문들

숨 막히게 진한 향기
한 호흡에 가두면서

장미는 노곤함 속에
가시들을 품고 있고

찬란한 초여름 멀미에
도져오는 신음소리

개화

훈풍이 멈춘 자리
가지런히 닦아내고
여기저기 웅성이는
씨앗의 전령들을

기꺼이
안고 뒹구는 빈틈 없는 몸짓이여

하루가 다르게
핏줄이 뜨거워지고
맑은 향 나풀대며
벌겋게 달아올라

봄 오면
갈증 멈추고 황홀경을 피운다

평설

삶의 잔여를 다독이는 시조의 숨결

박 헌 오
시인/한국시조협회 고문

1. 들어가는 말

우리가 흔히 사용하는 언어 가운데 잘못 쓰이고 있는 말이 있다고 지적하신 한 스님의 말씀을 들은 적이 있다. 그것은 바로 '무상(無常)'이라는 말이다. 무상이란 말은 '쉼 없이 변해간다'는 뜻이다. 사람의 일에 비추어 본다면, 낳고 자라며 배우고 겪고 살아가다가 마침내 열반에 이르는 모든 과정이 멈춤 없이 변한다는 의미이다. 그러므로 이는 허무하거나 덧없다고 한숨 쉬며 말할 일이 아니라는 것이다. 어떻게 변화해 나가느냐 하는 것은 곧 인과응보(因果應報)이니, 자신이 살아가면서 또는 전생에 어떤 원인을 지었는가에 따라 그 결과를 받게 된다. 이를 일컬어 연기법(緣起法)이라 할 수 있다. 무엇이든 노력한 만큼 변화하는 것이니, 바람직한 변화, 선(善)한 변화를 어떻게 끌어내느냐는 전적으로 자신의 의지에 달려 있다. 그러므로 매 순간 자신이 서 있는 그 자리가 곧 깨달음의 도량이며, 모든 만물과의 만남에 임하는 자신의 모든 행위에 따라 깨달음의 지혜를 얻게 된다는 말씀에 전적으로 동감하지 않을 수 없었다.

은희란 시인은 이미 시집 《내 언젠가 그대를 만나》와 시조집 《여백에 고이는 물빛》을 펴내어 문단에 얼굴을 내민 바 있다.

이번에 받아 본 두 번째 시조집 《저문 날을 헹구다》의 원고를 통해, 그동안 시인이 얼마나 성장했는가를 다시금 절감할 수 있었다. 시조를 쓰는 마음의 변화, 형상화된 표현 속에서 드러나는 신선한 시어, 적절한 비유와 시적 진술이 절묘하게 어우러진다. 단순히 작품의 변화에 그치지 않고, 시인으로 살아가는 삶과 사유, 그리고 결기까지도 함께 성숙해 가고 있음을 직감하게 하여 더욱 큰 기대를 품게 되었다.

첫 시조집의 해설에서는 그의 인성이 신사임당을 연상케 하고, 예술성은 황진이를 떠올리게 한다는 고전적인 인상을 전한 바 있다. 그러나 이번 2시조집에서는 분위기가 확 달라졌다. 현대적 안목과 감각으로 현대 시조시인의 대열에 질주하듯 뛰어든, 주목할 만한 여류 시조시인이 등장했다는 느낌부터 강하게 받았다. 참숯에 불이 붙듯 잠재된 시심에 불꽃이 일어나 놀라운 에너지를 발휘하기 시작한 시인이다. 뛰어오르고 날아오르려는 파닥임이 새로운 희망으로 빛나 보인다.

사랑을 주제로 훨훨 나는 온갖 새와 꽃의 노래 속에서 젊음으로의 역행이 뚜렷하게 드러난다. 문학에는 나이가 없음을 몸소 증명해 보이는 것이다. 작품마다 적절한 자리에 단단히 뿌리내리는 시어의 채용에서 신선함과 젊음이 피어나고 있기에, 나이를 묻지 말라는 당당한 선언으로 읽힌다.

풀 한 포기, 벌레 소리 한 소절, 꽃잎 하나와 교감하는 여리고 예민한 마음은 시인으로 일찍 나왔어야 할 재목임을 보여 준다. 그러나 오히려 삶 속에서 축적된 깊은 경륜을 바탕으로 이제 큰 누리 위에서 우람하게 자신을 드러내려는 모습으로 나타난 것이다. 지나친 과찬이라 여길지 모르겠으나, 은희란 시인의 변화에 감동하여 앞으로 펼쳐질 작품 세계를 기대하며 한없는 격려의 마음을 전하고 싶은 것이다.

이번 시조집은 야심 차게 정제한 시조 80편을 선별하여 4부로 나누어 엮었다. 갈애(渴愛)의 바람이 목마르게 불다 보면 이슬이 맺히고, 침묵하던 바위에서도 물방울이 떨어진다. 삶이란 공간에 무심한 기억의 물방울이 영롱히 맺히기를 기다리다, 마침내 우물에 '똠벙' 소리를 내며 떨어지는 소리를 시조로 모아 심연의 고요한 환영의 소리로 환치한다. 침묵에 깃든 말, 고백의 눈빛, 흐느낌조차도 시조의 바람결 속에 향기로운 속삭임으로 맺혀 온다.

은희란 시인은 흘러가는 것들을 건져 올려 시조의 꽃을 피워낸다. 군더더기는 대팻밥처럼 깎아내 버리고, 남은 결 고운 생의 무늬로 무량수전 같은—혹은 용궁 같은—시조의 집을 짓는다. 이제 잘 여문 작품 가운데 몇 편을 감상해 보고자 한다.

2. 바람의 마른 뼈에 숨결을 불어넣는 살내음

1부 「바람 쪽으로 기울다」에 실린 〈이슬〉이라는 작품에 나오는 표현이다. 20편의 시조로 엮어낸 삶의 순간들은 하나의 퍼즐처럼 맞추어지며, 존재의 미학을 드러낸다. 그것은 귀뚜라미가 부르는 노래이거나, 풍경 소리로 밤을 지새우는 독경이거나, 초승달이 걸린 하늘을 기우뚱거리며 지나가는 긴 여정으로 그려진다. 시인은 초승달을 입 자국을 남기고 가는 아련한 존재로 묘사하고, 귀뚜라미 소리를 두고 '창문을 사이에 둔 너와의 밀담으로 잡히지 않던 젊은 날이 가을밤 회향의 품에 깊어진다'고 진술한다. 표정 없이 무심한 바위조차도 '심혼가를 안으로 쏟으며 엮어가는 갈망의 전설'이라 하여, 그 소리를 듣기 위해 귀를 기울인다.

잡다한 근심들도/ 풀어내는 그 한 일// 우주의 한 깃털이/ 피어나게 하는 일// 재빠른/ 시간의 궁핍을/ 어루만질 그 길이다

_〈순간〉 전문

삶과 죽음의 거리는 한 호흡지간(呼吸之間)이라고 한다. 지금, 이 순간이 이어져 곧 삶이 된다. 시인은 순간을 포착하여 풀어내는 일을, 마치 우주의 깃털이 피어나는 듯한 확장 의식으로 표현하면서도, 동시에 시간의 궁핍을 어루만지는 의식의 생생함을 드러낸다. 순간의 아슬함과 진지함, 그리고 소중함을 어떻게 맞이해야 하는가를 심오하게 사유하게 하며, 단시조 한 편 속에서도 깊고 오묘한 시간의 무게를 느끼게 한다.

> 골몰한 몸짓으로/ 스스로를 채근하고// 아무리 다가가도/ 꼭 닫힌 미로처럼// 자꾸만 멀어져가는/지난날의 퍼즐들/// 허기진 공간 안에/ 부서진 관계들을//하나둘 메워주려/ 정성껏 맞춰가네// 너와 나/ 다가드는 정/ 차오른다 단단하게
> _〈퍼즐을 채우듯〉 전문

매 순간은 한 조각 한 조각의 퍼즐에 비유된다. 순간들이 이어져 솔기를 맞추면 평면의 퍼즐이 되고, 그 퍼즐은 갖가지 색채가 어우러진 그림으로 드러난다. 그것은 다양한 감각을 지니며 서로의 관계를 이루어 세상이 되고, 역사가 된다. 지난날은 그리움으로 수놓으면서도 닿으려 하면 자꾸 멀어지는 퍼즐이 된다.

한 뼘 한 뼘 채워 가는 퍼즐의 넓이처럼 기억의 영역은 차곡차곡 쌓여 가지만, 현실은 그 위에서 벗어나려는 허기진 공간으로 다가온다. 미래라는 허상을 향해 퍼즐을 놓아

가는 순간마다, 정이 흐르는 삶의 색채가 한 편의 시조로 형상화된다. 이렇게 시인이 겪는 갈등과, 더 단단해지고자 의지를 다져 가는 과정을 잘 보여 준다.

3. 그 어느 힘든 날에도 사랑이 흐르는 마음결

2부 「마음의 결을 따라」에는 인연과 사랑의 결을 따라 피어나는 아름다운 꽃들이 계절의 강물처럼 흐르고 있다. 어리석음과 깨달음의 거리는 일념지간(一念之間), 곧 한 견해 차라고 한다. 인과법에 따른 일생의 무상(無常)의 이치를 올바르게 깨달아 가는 과정인 셈이다.

20편의 시조에서 인연으로 만나는 사랑과 인생, 꽃과 매 순간의 정념을 표본처럼 뽑아낸다. "사랑은 그 어떤 순간에도 피는 향기"이고, "그 어느 힘든 날에도 다독이는 평화"임을 갈구한다. "다 주어도 모자란 삶을 끌어모아 등불을 켜든 오렌지 백합," "말없이 바라봐도 다 보이고, 한 발짝 물러서면 더 많이 보이는 꽃의 마음"은 시인이기에 더욱 생생하게 소통할 수 있는 세상이다.

시조로 피어난 꽃은 다시 열어 보아도 그 향기를 고스란히 간직하고 있기에, 소대헌의 빈 뜰에서 외로운 여류 문인 김호연재와 시담(詩談)을 나누는 듯하다. 지지 않는 시조의 꽃이 고운 빛깔과 그윽한 향기를 지니고 멀리 퍼져 가며, 오래도록 피어나기를 바라는 연정(戀情)을 한 편 한 편에 담아낸다.

> 다른 이 눈에는/ 보이지 않는 것도// 나에게만 스며들어/ 미세하게 맞는 입자// 이렇듯 오묘한 것이/ 사람 간의 인연이다/// 눈 감아도 인화되는/ 정지된 그 장면들// 눈빛도 몸내음도/ 나도 몰래 스며들어// 고향길 도깨비풀처럼/ 떨쳐지지 않는 것
>
> _〈인연이란〉 전문

바람에 연기를 풀어 보면 살아 있음을 알게 된다. 보이지 않는 바람이 나와 함께 흐르고, 보이지 않는 세월도 나와 함께 흐른다. 멀리서 다가와 나와 만나게 될 인연은 연기법(緣起法)에 따라 약속된 대로 이어진다. 그것은 눈을 감아도 보이는 존재라는 심리적 묘사로 공감할 수 있다.

고향의 숲길을 헤쳐 가다 보면 어느새 옷에 붙어 떨어지지 않는 도깨비풀에 세상의 인연을 비유한다. 자신도 모르게 붙어 오는 것이 인연이기도 하다. 시인 자신 또한 누군가의 옷에 붙어 가는 도깨비풀이 되는 것이 인과응보일 것이다. 만나는 사람의 눈빛이 내 감각 속으로 들어와 기억되고, 그 체취가 내 몸속에 스며들어 흐른다.

사람과의 만남뿐 아니라 모든 자연과의 만남, 만물과의 만남이 삶을 이어 준다. 우리는 향기롭고 아름답고 기쁨을 함께하는 좋은 인연을 갈망하지만, 아프고 슬프고 어려운 인연일지라도 순응하며 극복하는 것이 인연의 길이다. 그 모든 것은 지나가면 곧 그리움이 된다.

겹겹이 오는 세월/ 당연스레 품에 안고// 꽃피고 질 때마다/ 색 맞춰 덮고 눕다// 어느 날 알몸이 되니/ 까슬까슬 시리다/// 일탈할 땐 솔기마다/ 부끄러움 덮어주고// 끈기 있게 걸어온 길/ 오롯이 지키면서// 사계절 꾸밈없는 정/ 따뜻하게 입혀준다

_〈옷의 도〉전문

  옷은 몸을 가려 주고 꾸며 주며 보호해 주는 존재이다. 이 시에서 옷은 세월이자 꽃이고, 마음이자 인연이다. 옷으로 기억되는 만남, 또 만남을 위해 갖추고 나가는 옷의 역할은 마치 꽃이 아름답게 피어 꽃잎을 펼쳤다가 벌과 나비가 다녀가며 수정을 이루어 열매를 맺으면 낙화하는 이치와도 같다. 외출에서 돌아오면 벗어 놓는 것이 옷이듯, 내 몸과 마음의 일부였다가 떠나는 옷은 언제나 나를 지켜 준다.

  사람의 촌수로 따지면 옷과 사람은 무촌(無寸)의 관계라 할 수 있다. 무촌이란 너무나 가까운 관계이기도 하지만, 아무런 관계도 아니기도 하다. 그렇다면 옷에도 도(道)가 있을까? 곰곰이 생각해 보면 옷에는 분명한 도가 존재한다. 가정복은 편안해야 하고, 외출복은 단정해야 하며, 여름옷은 시원해야 하고, 겨울옷은 따뜻해야 한다. 옷마다 저마다의 도가 있음을 부인할 수 없다.

  말없이 따라와 준 옷의 존재를 시인은 비로소 인식하고, 그것과 교감하며 한 편의 시조를 입혀 주는 것이다. 옷이란

단순한 존재를 기발한 시조의 소재로 포착하였다.

> 말없이 바라봐도/ 꽃의 마음 다 보이죠// 귀 열고 들어봐요/ 새들의 지저귐을// 자연이 우리에게 주는/ 조화로운 나눔이죠/// 가슴과 가슴을/ 가만히 맞대보면/ 연결된 그 통로로/ 맑은 물이 흐르네요// 한 발짝 뒤로 물러서면/ 더 많은 게 보여요
>
> _〈소통〉 전문

대화는 사람끼리만 이루어지는 소통의 방법이 아니다. 나는 젊은 시절, 한동안 화분을 200개 가까이 가꾼 적이 있다. 날마다 물을 주고 보살피며 늦게 집에 돌아오는 날이면, 한밤에도 분목(盆木)을 바라보면 잠도 자지 않고 나를 기다리다가 환한 얼굴로 다가오는 듯한 느낌을 받곤 했다. 잎의 표정으로 그 마음을 느낄 수 있었고, 건강 상태까지 진단할 수 있음을 직접 체험해 보지 않고는 알기 어렵다.

결국 셋방살이를 하며 이사할 때마다 주인집 뜰에 옮겨 심고는 잘 키워 달라며 애절하게 부탁하고, 가슴 아프게 작별할 수밖에 없었다. 자연과의 소통은 시심(詩心)의 원천이 된다. 말 없는 말을 알아듣고, 소리 없는 언어를 전해 주며 자연물과의 소통이 이루어진다. 온전히 조화로운 삶은 만물과의 소통이 얼마나 깊이 이루어지느냐에 달려 있다.

만물의 언어를 터득하는 것은 오직 진심으로만 가능하다. 곧, 자연과 소통하는 사람의 마음은 진심과 애정으로

가득하다는 말이다. 만물의 언어는 목소리와 표정, 빛깔과 향기 등 저마다의 방식으로 전해진다. 그러나 자칫 잘못하면 상대의 말을 알아차리기만 하고, 내 마음을 되돌려 전하지 않는 경우도 있다. 사람이 말을 듣기만 하고 대답 없이 돌아선다면 얼마나 서운하겠는가? 받기만 하는 것은 소통이 아니다.

시인은 꽃과 새, 숲속의 나무와 바람, 그리고 물과 소통하며 살아가는 지혜를 시적 진술로 전해 준다.

4. 시간을 되짚는 손에 잡히는 시들지 않는 울림

3부 「시간을 되짚는 손」에는 20편의 시조가 실려 있는데, 시인의 깊고 무량한 사유(思惟)를 엿볼 수 있다. 마치 반가사유상이 턱을 괴고 있는 가녀린 팔뚝으로 무량한 사유를 떠받치듯이 말이다.

사는 법을 터득하고, 그늘과 낙엽과 파도를 달래 주는 섬으로 다가가다가 낙화와 홀씨, 땅속에 묻힌 시간의 궤적을 그려 가며, 마침내 백제 금동대향로를 다시 발굴하여 향을 피우는 듯한 시조의 세계가 펼쳐진다. 시간을 되짚는다는 것은 곧 지나간 시간을 불러온다는 뜻일 것이다.

젊은 날의 첫눈을 "허공의 춤사위에 설레는 영혼의 노래"라 하고, 사랑을 나누던 숲에서는 "실핏줄 지워 가는 바람과 시들지 않는 목소리"를 소환한다. 민들레 홀씨는 놓쳐 버린 사랑을 찾아 먼 길을 나서고, 당신의 젊은 날에 닿고 싶어 날아간다. 겨울비는 "할 말은 없습니다. 당신께 추적 추적 다가가고 싶은 마음이니 그 눈물을 알아달라" 속삭이고, "긴 목을 빼고 넘겨다보는 거리의 시간들"은 가을의 기린이라는 심상을 그리고 있다.

섬을 주제로 한 시조도 연작으로 쓰였는데, "사람은 누구나 하나의 섬이요 그 스스로 온전한 것 아니냐"라는 헤밍웨이의 소설 《누구를 위하여 좋은 울리나》의 한 구절이 떠오른다. 시인은 "눈부신 세상 끝자리 섬 하나를 점지하고 산다"는 장엄함을 가슴에 품고 있으니, 스스로 매몰되지 않는 섬이 된다.

> 가슴 속 돌덩이도/ 어루만져 빛을 내고// 저려오는 아픔도/ 웃음으로 달래며// 시린 듯/ 고른 치유로/ 섭생하는 까닭이다/// 보름달 기운 받아/ 밤하늘을 바라보며// 아름다운 시 한 수/ 어기여차 저어가며// 모두 다/ 나누며 살리/ 버무려진 향기풀어
>
> _〈내가 사는 법〉 전문

시인의 활유법 속에서 돌덩이는 가슴속에 들어와 마음을 어루만지고 빛을 내며, 저리는 아픔을 달래 주는 존재로 상생을 꾀한다. 돌덩이처럼 냉정히 돌아섰던 지난날의 기억들 또한 소환하여 눈물과 웃음으로 화해하고 치유하면서 섭생의 길을 찾는다.

내 삶의 우물에 드리워졌던 얼굴들은 계절이 바뀌어도 지

워지지 않는 그림자로 남아 있다. 그 시절에는 저리고 아프며 시린 속병이 되어 남았더라도, 이제는 웃음으로 달래고 치유하면서 아름다움을 찾는 보리심을 발휘한다. 무수히 떠나간 것들이 한데 어울려 한 덩어리 보름달이 되어 떠오르면, 그 긴 하늘을 한 수의 시조 가락으로 밀어 올려 건너가는 삶의 여정이 곧 진실을 찾아가는 방법이요, 벗어난 자신과 타협이 된다.

자신이 지닌 마음의 향기를 풀어 나누어 주면, 모두가 꽃빛으로 웃고 새소리로 노래하게 된다. 캄캄한 밤하늘에 떠오르는 상현달이 불어나 보름달이 되고, 하현달이 줄어들어 그믐달이 되는 것을 넉넉한 하늘이 품어 주듯이, 하늘 같은 마음으로 서로를 품어 준다면 모두가 기쁘고 경이롭게 살아가는 동행의 길을 찾아갈 수 있을 것이다.

> 내 삶이 버거울 때/ 무얼 보며 살까요// 발아래 내려보니/ 작은 꽃이 웃네요// 언젠가/ 사그러질 것을/ 알고 있는 걸까요/// 뜨는 해 눈부시고/ 희망도 주겠지만// 굴곡진 여일(如日)은/ 그리 쉽지 않네요// 지는 해/ 다시 떠오를 믿음/ 끌어안고 살래요
>
> _〈사양(斜陽)〉 전문

종교적으로는 구원과 해탈이라는 목표는 같지만, 과정은 차이가 있다. 기독교에서는 아담과 이브가 지은 원죄를 십자가의 보혈로 씻고, 부활하신 주님을 의심 없이 믿음으로

써 함께 부활하여 영생을 얻는 구원을 받을 수 있다는 희망을 신앙인에게 준다. 반면 불교에서는 보리심으로 보살행을 실천하여 삼보리(三菩提)의 깨달음에 이르고, 윤회의 굴레를 벗어나 해탈에 이르는 불법(佛法)을 가르친다.

 석양을 바라보며 하루가 영원히 떠나감을 깨닫고, 인생의 노년을 마주하며 일생의 끝을 생각하게 된다. 종교를 떠나 요즈음은 아름답고 두려움 없는 죽음을 준비하는 심리학으로 '웰다잉(Well-Dying)'을 말하기도 한다. 발아래 피어 있는 작은 풀꽃조차 언젠가는 사그라질 것을 알 것 같은데, 굴곡 많은 생이 쉽지는 않다. 그러나 다시 피어날 풀꽃의 희망, 다시 "내일은 내일의 해가 떠오른다"라는 희망을 끌어안고 살아가겠다는 진리에 대한 시인의 인식을 대견하게 여기지 않을 수 없다.

 지는 해가 다시 희망으로 환원되는 역설, 그것이 곧 삶의 진실이라 할 것이다.

5. 노을보다 곱게 무르익은 젊음으로 헹구는 노년

 4부 「저문 날을 헹구다」에는 자연을 섬기고 상생하는 마음으로 섭리에 순응해 가는 시조 20편이 한 장으로 엮여 있다. 20편의 시조 속에서 해가 저물고 또 한 해를 보내는 시인의 마음은 끝이라기보다는, 오히려 새로운 잉태를 꿈꾸는 놀라운 반전임을 말하려 한다. 성스럽게 맞이하는 새로운 날을 향한 기도는 일종의 종교적 태도처럼 자리한다.

노을보다 곱게 익어 가는 노년, 자연의 섭리와 계절의 변화에 순응하는 시인의 세계가 피어난다. 노을은 높은 능선이나 봉우리 위에서 피어나는 빛의 꽃이니 찬란할 뿐이다. 밤은 어둠에 갇힌 종말이 아니라, 꿈꿀 수 있는 맑은 보금자리를 제공하는 희망찬 빛의 산실이다. 밤은 꽃보다 흰 속살을 품고 젊은 날을 헹구어 내듯, 결국 개복을 결심하고 임을 품어 주는 산모가 되어 출산의 기쁨을 안겨 주는 거룩한 희생의 꽃이고자 한다.

4부에서는 태몽, 어버이날, 끈으로 이어지는 체험을 승화시킨 작품들을 고백적으로 선보인다. "용꿈을 꾸고 딸을 낳은 부모님은 달덩이를 키우신다"라는 구절은 참사랑을 회상하게 하고, 어버이날에는 "지나고 나서야 철이 들어 우는 시인의 눈물꽃"을 보여 준다. 또한 파도를 바라보며 "그 수많은 이별의 상처를 지워 준다"고 자위하며, 밤에 찾아오는 달빛은 "하얀 뒤꿈치로 창문을 넘어와 밤 지새고 베어 무는 시심"으로 간직된다. 시인은 자꾸만 깊어져 가는 나이를 그리움의 블랙홀이라 진술한다.

그렇다면 시인은 왜 저문 날을 헹구는가. 그것은 삼천갑자 동방삭이 강물에 숯을 씻는 모습과도 같은 상징일 것이다. 이제 그 구체적인 작품을 골라 감상해 보고자 한다.

하루를 살아내는/ 일상이 귀한 거다// 서로서로 아껴주며/ 곱디고운 웃음 짓고// 사는 날 몸부림하다/ 멈춤 연습 명심

한다/// 언젠가 떠날 때는/ 온기를 채워야지// 나누는 손길
마다/ 꽃들을 피워주자// 천금을 내게 준다 한들/ 기도보다
더 기쁘랴

_〈아름다운 세상〉 전문

어쩌면 나이가 들어갈수록 세상은 더 아름다워지고, 삶에 대한 애착은 더욱 강렬해지는지도 모른다. 하루하루 살아가는 날이 보석같이 소중해지고, 뜸해진 만남이 간절히 기다려지며, 그리운 사람들을 만나면 더 아껴 주고 고운 웃음으로 대해 주고 싶은 마음이 샘솟는다. 그러나 언젠가 멈춰야 하는 시간이 있음을 명심하지 않을 수 없다.

요즈음 트로트 신동들이 인생곡을 구성지게 부르듯, 자연의 나이보다 훨씬 젊고 활기찬 모습의 은희란 시인은 때로 측은지심으로 다가오기도 한다. 또한 지혜로운 사람은 먼 날을 예비하듯 언젠가 떠날 때를 대비해 온기를 채운다는 대목에서 깊은 공감을 얻는다.

아직 활동력이 있는 지금, 나눔의 손길을 아낌없이 내주고 기도하는 마음으로 후회 없이 꽃을 피워 기쁘게 살아가고자 하는 보리심이 느껴진다. 스스로 아름다워져야 세상을 아름답게 비추고 적실 수 있다. 하루하루 귀한 날들을 허투루 쓰지 말고, 보람 있게 살며 선한 영향을 세상에 끼치는 것이 곧 인의예지(仁義禮智)의 지성을 실천하는 길이다.

꽃 없는 벌판에서 피어난 한 송이 꽃/ 규방에 가둬놓아 숨이 잦은 여성 시대/ 애절히 노래하던 꽃 송도삼절 더듬는다// 어설픈 양반님들 조롱하던 명시조들/ 노을빛 허공 속에 등불처럼 피고 지고/ 뛰어든 여심을 안고 박연폭포 울었다// 회심한 눈빛 속에 흘러내린 치맛자락/ 하늘한 춤사위에 녹아나던 사대부들/ 오백 년 날개를 펴고 황진이는 살아있다
_〈황진이〉 전문

시조를 쓰는 사람치고 황진이의 시조에 감탄하지 않는 이는 없을 것이다. 남존여비(男尊女卑)의 차별이 고착된 답답한 세상에서 기생(妓生)이라는 여성의 신분은 오늘날로 치면 극한적 예술가라고 이해할 수 있으며, 여성으로서 차별화된 사회에 항거하며 용기 있게 뛰어든 희생양이라 할 수도 있다. 황진이는 대표적인 여류 시조시인이자 가인(歌人), 더 나아가 전천후 예술인이 아니었겠는가.

황진이의 시조가 고작 여섯 편밖에 전해지지 않았지만, 그 기록이 온전히 보존되었다면 얼마나 많은 작품이 남아있었을까 하는 아쉬움이 크다. 시와 음악, 무용을 비롯해 전천후 예술성을 지닌 은희란 시인은 황진이에 대한 존경과 가련함을 동시에 간직하고 있는 듯하다. 황진이는 황량한 벌판에 피어난 꽃이며, 억울한 차별로 갇혀 있던 송도의 삼절(三節)이자 우리 민족사의 위대한 여성 예술가이며, 박연폭포마저 동정하여 울음을 그치지 못하게 한 명인이었다.

그러나 황진이의 시조는 우리 민족 문학사 속에서 여전

히 영원한 날개를 펴고 나른다. 아직도 천한 신분이라 여기며 멸시하는 이가 있다면, 그것은 진정 이기적인 사상을 버리지 못한 것이며 황진이의 마음을 읽지 못한 처사일 것이다. 바로 그러한 심정을 담아 이 시조를 썼을 것이다.

6. 맺는말

온 천지 꽃물 들어 고운 눈을 밝혀주고/ 설레는 마음 안엔 연두 옷 갈아입고/ 꿈꾸던 나비가 되어 날아드는 황홀경// 달궈진 속내 깊이 힘차게 밀어내며/ 짙어가는 녹음 속에 시원한 바람 안고/ 햇발이 쏟아져 내려도 스며드는 싱그러움// 창을 연 눈길마다 오색 빛을 뿌려놓고/ 낙엽은 음표처럼 곡선 되어 나부끼면/ 온몸이 짜릿해지는 감미로운 선율이여// 침묵의 긴긴밤에 잊지 못할 흰 그림자/ 지나간 첫사랑에 응어리진 기억들/ 밀어를 고이 함축하여 포스근히 쌓는다

_〈사계의 뒤안〉 전문

은희란 시인은 〈사계의 뒤안〉이라는 제목의 4수로 된 연시조 제4수에서 "침묵의 긴긴밤에 잊지 못할 흰 그림자/ 지나간 첫사랑에 응어리진 기억들/ 밀어를 고이 함축하여 포스근히 쌓는다"라고 맺고 있다. 이는 시조를 쓰는 시인의 함축적 고백으로 느껴진다. 시인은 꿈꾸는 나비가 되어 황홀경에 빠져들고, 삼매에 들어 황홀하게 타는 불꽃 속에서

자유를 느끼게 될 것임을 믿고 투신한다.

　한민족의 700년 시조 역사 속에서 선인들을 친견하면서 어찌 시조를 사랑하지 않을 수 있겠는가. 그러나 많은 이들이 사대주의에 빠지거나 민족 시조의 중요성을 간과하여 그 참가치를 왜곡해 왔다. 한글학자들은 일제 강점기 옥고를 치르면서 한글 사전을 만들었고, 광복 후에는 교육이 부강한 나라를 만드는 첩경임을 뼈저리게 인식하여 교과서를 만들 때 시조를 적극 반영했다. 그러나 날이 갈수록 교과서에서 시조를 제외하는 까닭은 무엇이라 설명할 수 있을까. 그저 바로잡힐 날이 오기를 기대할 뿐이다.

　시조를 진정으로 배우고 창작하며 맛본 이들은, 이 길이 곧 애국적 문학의 한 줄기임을 절감하며 쉽게 떠나지 못한다. "시조인들에게 애국 문학을 물어보라"는 말이 괜히 나온 것이 아니다.

　은희란 시인은 자유시를 공부하다가 우연한 기회에 시조를 배우며 시조 문학에 빠져들었고, 그 열성으로 앞으로 민족 시조사에 크게 이바지할 훌륭한 시조시인이 될 것을 믿게 한다. 두 번째 시조집에서 보여 준 성장은 더 큰 기대를 품게 한다. 또한 시 낭송가로도 활발히 활동하는 그는, 어떻게 하면 시조를 맛있고 멋있게 낭송하여 시민들에게 감동을 줄 수 있을지 부단히 노력하는 모습을 보여 준다.

　오늘날 우리 사회에는 자유시를 쓰는 이들이 무수히 많지만, 진정 그들이 모두 우리 민족의 정서와 가락에 맞는 자유시를 쓰는 시인이라고 말할 수 있을까. 한글 민족의 꽃인 시조를 교양으로 삼고 그 정서적 바탕 위에서 자유시 쓰기를 권하고 싶다.

앞으로 겨레의 얼과 민족의 정서가 담긴 시조 문학을 발전시키는 데 은희란 시인의 활약을 기대하며, 이 해설문을 맺는다.

끌림 詩人選 009

저문 날을 헹구다

2025년 09월 01일 초판 1쇄

지은이   은희란
펴낸이   김영태
펴낸곳   도서출판 끌림
책임편집 김한결

출판등록 제2022-000036호
주소   대전광역시 서구 대덕대로 325, 스타게이트빌딩 471호
전화   0502-0001-0159
팩스   0503-8379-0159
전자우편 kkeullimpub@gmail.com

공급처   한국출판협동조합
전화   02-716-5616
팩스   02-716-2999

ISBN 979-11-93305-23-2 (03810)

값 11,000원

ⓒ은희란 2025

* 이 책은 저작권법에 따라 보호를 받는 저작물이므로 무단 전재와 복제를 금합니다.
* 잘못 제작된 책은 바꾸어 드립니다.